LE ROI SOLIVEAU,

PAR

M. LANCHAMPS DE SAINT-PONSE.

PRIX : 60 CENTIMES.

PARIS,

CHEZ LES MARCHANDS DE NOUVEAUTÉS.

1838.

LE ROI SOLIVEAU.

Qui n'a pas rêvé dans sa jeunesse le bonheur d'un pays gouverné par un prince éclairé sur les intérêts de ses peuples, doux, pacifique, aimant les arts, protégeant l'industrie, donnant l'exemple des vertus domestiques, populaire, affable, instruit, éloigné des plaisirs, et sacrifiant tous ses momens à la tranquillité, à la félicité publique? Eh bien!... ce rêve s'est réalisé, ce vœu s'est accompli...

Et cependant nous en sommes venus au point de faire un crime au prince qui nous gouverne de toutes les qualités qui le distinguent, et que nous avons rêvées dans nos pensées du bonheur général. On voudrait maintenant un roi fainéant ou inhabile; on décrie ce dont on devrait le louer; on le blâme de ce qu'il travaille avec ses ministres et dirige ses conseils... Il faut à une certaine race de grenouilles un roi soliveau autour duquel elles puissent venir coasser à leur aise.

C'est en vain qu'on invoquera toutes les folles subtilités de la polémique, on ne parviendra jamais à prouver à un homme de bon sens qu'il doit être interdit au chef de l'état de gouverner ; qu'il ne doit avoir, non seulement aucune influence dans ses conseils, mais qu'il faut qu'il y soit parfaitement étranger. Cependant les affaires que l'on traite au conseil sont les siennes, puisqu'elles sont celles de son peuple.

Si le roi s'entoure d'hommes capables et consciencieux, n'est-ce pas pour éclairer la direction qu'il veut donner à son gouvernement ? pour juger avec plus de conviction et plus de sagesse ce qui convient le mieux au bonheur du pays ? Si la Charte a voulu que les ministres fussent de son choix ; si elle lui a donné le droit de les nommer, c'est que l'on a senti la nécessité d'une unité de vues, d'une haute influence qui donnât l'impulsion aux affaires, afin que les ministres en suivissent la direction, toutefois sous leur responsabilité personnelle.

Le roi règne et ne gouverne pas !.... pensée dont les deux termes contradictoires offensent d'abord la raison ; pensée si extraordinaire qu'elle paraît absurde, et qui, cependant, vient de surgir avec une nouvelle force, et trouve un écho retentissant dans tous les journaux de l'opposition. Serait-ce une vérité ? ne serait-elle pas plutôt la tentative d'un parti hostile à la monarchie qu'une question soulevée dans l'intérêt du pays ? Si, d'un côté, elle pouvait être l'effet d'une préoccupation de bonne foi tendante à augmenter le libre mouvement d'un corps de l'état, qui déjà cependant est le plus actif par sa nature et le plus envahissant, d'un autre côté on peut avoir quelques motifs de penser, par l'acharnement et la passion que l'on met à produire cette innovation, que c'est moins l'irréflexion que la mauvaise foi qui lui a donné la vie. C'est le calcul d'un mauvais vouloir constant et systématique en haine de la royauté que certains partis se font un bonheur de calomnier, d'avilir par les suppositions les plus odieuses, et de faire paraître hostile aux vues et aux intérêts du peuple. L'opposition chercherait-elle encore les occasions de troubler l'état pour arriver à un succès que depuis long-temps elle se promet? Carrel nous a dit que la république arriverait malgré tous les efforts contraires.

En vain les perturbateurs s'efforcent de faire considérer la monarchie comme hostile aux institutions populaires, cherchant tous les moyens de fausser la constitution pour s'approprier une autorité sans bornes. Ici, au contraire, ce serait la chambre élective qui, entrant dans les vues révolutionnaires de l'opposition, attaquerait la royauté dont elle s'approprierait les attributions mêmes que la Charte lui a conférées dans l'intérêt de l'état, attributions inhérentes à la nature de sa haute position. Ce n'est pas la royauté qui veut empiéter sur la prérogative de la chambre élective ; mais, au contraire, elle a à se défendre contre l'envahissement de la sienne. *Tu troubles mon eau*, disait le loup à l'agneau qui se désaltérait dans un courant inférieur.

Depuis quelques années, ce principe irrationnel que le roi ne doit pas gouverner s'était propagé par ces bruits sourds et répandus ensuite dans le public ; bruits que les partis ont fait circuler malignement sur les obstacles que trouvaient quelques conseillers du roi à faire prévaloir leurs idées sur cette *immuable volonté* qui, forte de ses hautes pensées, de la conscience de ses bonnes intentions et de son amour

(4)

éclairé pour le bien de son peuple, ne s'associait
pas toujours aux avis de ses conseils.

Les gens sages ont toujours été scandalisés de ces
indiscrétions que l'on propageait et qui ne pouvaient
servir qu'à la condamnation de ceux mêmes qui
voulaient en tirer quelques excuses de leur con-
duite ; car, ou les objets de discussion au conseil
étaient de *peu d'importance* pour le bien de l'état,
et alors les ministres ont pu se ranger à la détermination du roi sans qu'il en résultât le moindre in-
convénient; ou il s'agissait dans les conseils de prendre une détermination sur des choses graves et dont
les conséquences pouvaient altérer les institutions,
diriger l'état dans une mauvaise voie, et précipiter
le pays dans des malheurs inappréciables ; les ministres auraient alors manqué à leur devoir en ne résis-
tant pas à la volonté du prince ; ils auraient mérité
l'animadversion publique et encouru les peines d'une
responsabilité immense comme leur délit ; ils auraient compromis les intérêts du roi et de l'état par
une criminelle condescendance ou par le sentiment
avilissant d'une ambition personnelle. Alors, en voulant rejeter sur une haute volonté les suites de leur pro-
pre faiblesse, ils décriaient la royauté, dont ils avaient
eu la confiance, et devenaient doublement coupables.

Ces indiscrétions passagères de quelques ministres
déchus étaient loin de leur faire honneur, et n'ont
pas peu contribué à amener d'autres pensées dont
les journaux de l'opposition se sont emparés. Alors
s'est développé ce système singulier, présenté sans
cesse et sous tous les aspects avec plus ou moins de
talent et de bonne foi. A la faveur de quelques as-
sertions hasardées dont on a fait des principes, on a
trouvé de nombreux échos qui s'en vont répétant

machinalement, et comme ils l'ont entendu dire, qu'il est *immoral et inconstitutionel* qu'un roi s'occupe des affaires de la nation , et que la patrie est perdue si le chef de l'état ne s'endort pas dans les bras de la mollesse , ou s'il n'emploie pas tout son temps et son intelligence à courir le cerf.

Le roi règne et ne gouverne pas ! principe gouvernemental que nous devons particulièrement à un homme d'état à l'époque où il n'était encore que rédacteur d'un journal autrefois fameux par son opposition. Mais il s'agissait alors de renverser la dynastie régnante, et *qui veut le but veut les moyens*. Aujourd'hui, à cet égard, *tout est consommé*; mais on veut faire revivre ce principe en l'appliquant à la dynastie nouvelle; et si l'auteur de cet aphorisme dangereux ne pouvait en atténuer l'effet par une interprétation que son talent doit lui rendre facile, au moins devrait-il, comme d'autres députés dans d'autres circonstances, en demander pardon à Dieu, à la monarchie et à la France.

Sur quel motif a-t-on pu imaginer que la direction des affaires devait être interdite à la royauté ? Plus on réfléchit à cette innovation , plus on la trouve dénuée de sens et contraire à la raison , à la nature du pouvoir royal et à la Charte, qui en a consacré les principes. Conçoit-on un roi qui doit ignorer le sujet des délibérations de son conseil et des résolutions de ses ministres, et pour qui les intérêts de l'état ne seraient rien ? Conçoit-on un roi dans la complète dépendance des autres corps de l'état, et dont les ministres, qui s'entendraient avec une chambre séditieuse, pourraient à son insu bouleverser le pays? Par une conséquence naturelle, il faudrait encore lui ôter la nomination aux divers emplois importans de l'armée et de l'administration ; car, pour désigner quelqu'un à ces fonctions, il faut qu'on le croie capable de remplir les intentions du gouvernement : or, le roi ne les connaîtrait pas.

Quel avantage peut-il résulter de cette innovation pour la France ? Je ne peux y en trouver aucun pour le bien public ; je n'y en vois que pour les perturbateurs, les ambitieux et les anarchistes.

C'est en vain que l'on suppose que les affaires du pays iraient mieux si la chambre élective marchait plus d'accord avec un gouvernement qui serait à sa disposition et dans sa dépendance. Ce serait un malheur d'autant plus grand que bientôt tout serait envahi. Toutes nos institutions périraient à la fois sous un pouvoir aussi exorbitant. La *Gazette*, dans ses charitables vues, n'a-t-elle pas dit déjà que *le pouvoir qui a créé la royauté, la pairie et la Charte peut aussi les détruire ?*

De quel droit la chambre réclamerait-elle à son profit les prérogatives de la royauté ? que voudrait-elle en faire si ce n'est pour en abuser ? C'est alors que l'on pourrait avec grande raison appeler immorales et inconstitutionnelles les intentions qu'on lui prête et qu'on voudrait lui suggérer.

La prérogative royale que l'on a dessein d'envahir doit appartenir au pouvoir à qui la Charte l'a conférée ; en quoi peut-elle blesser les prérogatives de la chambre élective ? se trouverait-elle gênée dans ses mouvemens parce que les ministres sont sous la direction et l'influence de la royauté ? personne ne le croira ; mais on sait à qui cette prérogative est importune, et c'est un motif de la laisser dans les mains plus sages à qui la loi l'a donnée.

Qui ne voit que si la chambre élective, au lieu

du roi, donnait l'impulsion aux affaires du gouvernement, elle deviendrait usurpatrice, puisqu'elle
réunirait la puissance législative au pouvoir exécutif?
La monarchie n'existerait plus, ce serait une autre
forme de gouvernement, une république, c'est-à-
dire le despotisme le plus dangereux, le plus abo-
minable. Où serait la responsabilité d'un semblable
gouvernement? S'il faisait le malheur du pays,
comment et devant qui l'accuser? Il n'y aurait plus
de remède que dans la force brutale, dans une nouvelle révolution.

Tant que le ministère resté dans ses attributions
régulières et constitutionnelles, de quelle manière
pourrait-il gêner la chambre élective? S'il les faussait,
la chambre a t-elle les bras liés pour arrêter son
action et le punir? Qu'elle fasse prononcer la majorité contre le ministère dont la direction paraît hostile
au bien du pays; qu'elle en demande le renvoi mo-
tivé. Certes, la royauté ne se refusera pas à une
mesure qui est dans ses intérêts comme dans ceux
de l'état.

Maintenant qu'on me dise dans quelles circonstances passées ou présentes la majorité de la chambre
a formellement désapprouvé la direction du ministère
actuel et même des précédens. Je vois au contraire
que, lorsque les ministres ont fait d'un objet de discussion une affaire de cabinet, la majorité s'est
prononcée à leur avantage.

De quoi aurait-on donc à se plaindre, et pour-
quoi compromettre le repos du pays en appelant un
changement dans les institutions élémentaires de
l'état, quand aucun abus ne le nécessite? Ce principe, *le roi règne et ne gouverne pas*, que la coalition des mauvais partis veut établir est donc une

anomalie inconcevable pour ceux qui ont réfléchi sur la nécessité de la division des pouvoirs, et qui ont reconnu les dangers de leur confusion.

On ne peut donc trop le répéter, la direction du gouvernement ne doit appartenir qu'au roi; car si elle faisait partie des attributions de la chambre élective, ce ne serait que par une usurpation de pouvoirs qui changerait entièrement la nature et la face de l'état. Nous arriverions à une sorte de démocratie qui, je crois, ne recevrait pas le *suffrage universel* de la France.

Il est évident que d'un pareil système doivent découler des conséquences autres que celles qu'on livre au commun des lecteurs. Il ne faut pas une grande pénétration, cependant, pour s'apercevoir qu'un moyen d'amener une révolution, c'est de discréditer les institutions existantes, et qu'en déclarant en principe que les fonctions du chef de l'état doivent être *d'une stricte nullité*, on arrivera facilement à l'idée que l'on peut s'en passer.

Il n'y a que les ennemis de la monarchie et de nos institutions à qui de pareilles pensées osent se présenter; il n'y a que les disciples de Carrel et une autre école pire encore qui puissent les produire au grand jour; il n'y a que les ambitieux, ceux qui ont soif du pouvoir, qui sauraient en profiter; car si l'objet principal de ce qu'on appelle *la coalition* est, suivant *le Courrier Français*, de replacer *la prérogative parlementaire au rang qui lui appartient et de faire descendre la prérogative royale du rang qu'elle a occupé* (1), son but ac-

______

(1) Par cet aveu, on connaît bientôt quel serait l'envahisseur. Ce n'est pas la royauté, puisqu'on veut la faire descendre du rang qu'elle occupe.

cessoire est aussi *de renverser le ministère*. Or, on ne renverse guère un ministère que pour se mettre en sa place : *ôte-toi que je m'y mette* est depuis long-temps un axiome reconnu dans le système représentatif, pour ceux qui aiment à représenter.

Cette admirable et heureuse innovation de faire régner un roi sans qu'il gouverne, si elle est d'une subtilité presque énigmatique pour le vulgaire, ne peut pas toutefois être regardée comme un moyen de donner du relief et un grand appui à la monarchie. Il n'est que trop vrai et trop démontré qu'on cherche à la miner par tous les moyens. L'opposition, de plus en plus audacieuse par la défection de ceux qui long-temps l'ont combattue et par la désunion des gens sages dont quelques uns ont paru se ranger sous sa malveillante bannière, ne sait plus dissimuler ses intentions, ses projets ; *toute opposition*, dit un journal radical, *est une milice plus ou moins avancée au service de la démocratie*. Ce mot est effrayant de vérité.

Allez donc vous joindre à cette opposition, en augmenter les rangs, vous qui vous dites les soutiens de la monarchie et des institutions que la Charte nous a données. Si l'on vous repousse, méritez par de nouveaux efforts les honneurs de l'apostasie, vous verrez quelle reconnaissance vous attend. Encore quelque temps et vous entendrez les bénédictions du pays... Vous ne tarderez pas, vous ou les vôtres, à en sentir les malheureux et inévitables effets. Laissez marcher la démocratie, elle vous entraînera malgré vous (1); quand elle dominera, il ne sera plus temps de s'y soustraire ou d'y faire obstacle.

(1) On ne peut pas se rappeler sans frémir quelle est la force de cet

L'autorité royale avilie, celle de la chambre élective ne sera pas plus ménagée. Depuis long-temps on sait qu'elle ne se compose que *de monopoleurs odieux* (1) *et qu'elle se repaît des sueurs du peuple.*

entraînement : une fois avancés dans la carrière de la démocratie, tous ceux qui ont reculé devant ses iniquités, ses fureurs, ont été proclamés les ennemis de la république. Il y a dans l'inquiétude des esprits quelque chose de jaloux et d'ambitieux qui pousse la foule aux extrêmes. Nous avons vu Barnave, un des premiers apôtres de la révolution de 89, mourir ensuite sur l'échafaud. L'homme pur, le sincère ami de la liberté, Bailly, a péri de même, accablé d'injures et d'opprobres d'une populace excitée par de plus chauds patriotes. Bientôt après, les Girondins si zélés n'ont plus été assez purs : ils ont péri par les mêmes moyens qu'ils avaient employés contre d'autres victimes. Roland, ministre probe, et son épouse vraiment romaine ont éprouvé les mêmes injustices, les mêmes fureurs, poussés par une autre zone de patriotes. Les Danton, les Camille Desmoulins, les Sergent, les Chaumette, tous ces fabricateurs de conspirations qui avaient précipité tant de victimes, n'ont plus été assez patriotes pour les disciples qui les suivaient : la hache les a frappés. Robespierre les a fait périr avec tant d'autres, et Robespierre lui-même a succombé à son tour sous les coups de ses complices, comme un traître à la patrie.

Voilà des exemples qui devraient profiter à tous les novateurs, à tous les patriotes exclusifs qui sentent encore dans leur cœur quelque amour de la patrie.

(1) Monopoleurs ! Peut-on employer d'une manière plus absurde ce mot qui ne signifie rien pour la chambre à qui on l'applique ? Les gens d'esprit, qui s'en servent, doivent cependant savoir que le monopoleur est celui qui achète tout ce qui se rencontre de même marchandise dans un pays, pour la garder, en faire sentir le besoin et la vendre enfin plus cher qu'on ne l'a achetée. Sous cet aspect, je ne vois pas en quoi les députés sont monopoleurs, quelle est la marchandise qu'ils achètent pour revendre ensuite. Il faut croire alors que l'on se sert de ce mot pour effrayer le public ignorant, à peu près comme on effraie les enfans par celui de Croquemitaine. Le mot de monopoleur est alors une bêtise qui ne s'applique à rien : c'est une bêtise méchante.

La chambre se repaît des sueurs du peuple. C'est un mensonge grossier et qui se sent de l'éloquence jacobine et révolutionnaire. En quoi se repaît-elle des sueurs du peuple ?.. La chambre ou plutôt les députés reçoivent-ils un sou comme députés ? il n'y en a pas un qui ne jouisse de l'avantage de dépenser, à Paris, l'argent qu'il aurait plus doucement et plus agréablement dépensé dans sa famille. C'est comme si on leur faisait un crime de dîner avec leur argent. Les fonctionnaires sont, à cet égard, dans la même condition que les journalistes, les employés, les

On sait que les députés *se disputent entre eux la curée d'un budget d'un milliard.* La chambre s'est tue devant ces odieuses et absurdes calomnies qu'elle a souffertes à la tribune même , et déjà les électeurs qui , dit-on, doivent avoir l'espérance d'y prendre part, ne sont pas exempts d'imputations semblables et aussi ridicules.

Il n'y a plus ni courage ni patriotisme parmi les députés, et les électeurs ne valent pas mieux que les représentans qu'ils ont choisis, dit un journal radical.

D'après ces principes, il n'y aurait plus de patriotisme et de courage que chez les perturbateurs ; les émeutiers, dans les sociétés affiliées et correspondantes à celles des Droits de l'Homme. Ceux-là aiment le peuple, et ils tirent à bout portant sur lui. Ceux-là prêchent l'humanité et le désintéressement, et ils ne veulent que massacres ; et, en vrais Spartiates, ils regardent le vol comme une vertu (1).

commerçans et les possesseurs de fortunes indépendantes : ils vivent des revenus de leur état, de leurs traitemens...

Ils se disputent entre eux la curée d'un budget d'un milliard. C'est une odieuse et infâme calomnie présentée aux yeux du peuple sous une couleur déshonorante et qui mériterait au calomniateur des coups de bâton... un coup d'épée lui ferait trop d'honneur. Ceux qui se servent d'une pareille expression, s'il y avait une semblable curée à leur disposition, ne s'en feraient pas faute. Des coquins adroits sont les premiers à crier : Au voleur ! c'est une vérité.

C'est chose qui m'a constamment frappé, que cette impassibilité de la chambre et l'effronterie de ceux qui l'insultent aussi gravement. La chambre semble mériter des outrages qui ne lui sont pas sensibles et auxquels elle s'accoutume. C'est une sorte de gentillesse qu'on se permet même entre soi : on se couvre de déshonneur, on se laisse avilir... C'est égal... On ne peut appeler cela de la dignité : c'est l'oubli de ce que l'on se doit, c'est lâcheté. (On peut voir que je n'ai pas l'honneur d'être député.)

(1) Je ne me permettrais pas ce mot de vol, s'il n'était avoué, comme principe établi dans cette société, que celui qui n'a rien doit prendre à celui qui a quelque chose, comme compensation des rigueurs de la fortune.

Ceux-là chérissent la liberté, et ils outragent, au besoin ils assassineraient ceux qui ne pensent et ne parlent pas comme eux. (*Demandez à M. Lermi-nier.*) On connaît aussi leur respect pour les lois. (*Voyez dans la Gazette des Tribunaux.*)

Pour fournir à ce genre de patriotisme, il faut de toute nécessité recourir à une réforme électorale. C'est là que l'on voit briller les innocens efforts de la *Gazette*, du *National* et de tous leurs adhérens et complices; c'est sur ce terrain que la légitimité et le droit divin, la république et l'anarchie se tendent et se serrent la main; réconciliation vraiment atten-drissante! alliance affreuse, présage des plus grands maux!

Quant à moi, j'en suis effrayé. J'y vois une révo-lution tout entière et les plus grands malheurs pour la France, si les pouvoirs de l'état n'opposent la plus forte résistance aux projets désorganisateurs d'une coalition aussi malveillante qu'audacieuse.

Cependant le peuple se laissera-t-il prendre à ces roueries politiques, à ces témoignages hypocrites d'intérêt pour lui? La réforme électorale serait-elle, à ses yeux, un changement qui doit le ramener à une situation plus heureuse? Les journaux des deux oppo-sitions le lui promettent, et les malheureux ont quel-que attrait à écouter ceux qui semblent vouloir adou-cir leur misère.

Insensé! qui ne voit pas qu'ici le loup se revêt des insignes du berger! Eh quoi!... sais-tu seulement ce que c'est que la réforme électorale, ou le suffrage universel qui en peut être la conséquence?... Écoute-moi..., c'est le droit que l'on veut te donner de quit-ser ton travail, et de t'éloigner de ta famille pour aller nommer, à quelques lieues de chez toi, un inconnu ou un intrigant qui te donnera une plume et te mènera la main : voilà tout.

Eh bien! crois-tu que ce droit, dont on te fait présent, te donnera du pain pour toute l'année? Éloignera-t-il de tes guérets les orages et la grêle? Te préservera-t-il des inondations et de l'incendie? Éviteras-tu les maladies ruineuses, et paieras-tu avec plus de facilité tes impositions? L'ouvrier aura-t-il plus de travail et le malheureux plus de secours?

Ne vois-tu pas, peuple infortuné, que celui à qui tu as donné ta voix vendra la sienne ou à ton ancien seigneur, qui saura en temps et lieu s'en dédommager, ou à un ambitieux qui, ayant peu de ressources, voudra faire sa fortune à tes dépens et à ceux du public?

Qui n'a pas prévu que ce mauvais choix d'hommes corrompus ou corrupteurs, qui veulent à tout prix gouverner et intriguer, doit apporter dans le pays un grand changement, et que tout changement dans l'état fait resserrer l'argent, détruit le commerce et l'industrie; fait suspendre les travaux de toute espèce, et amène la misère? Ne se souvient-on plus des effets produits par les glorieuses journées de juillet qu'a nécessitées cependant la défense de nos droits? A-t-on oublié les banqueroutes, l'inactivité des manufactures, les secousses qu'a éprouvées le crédit au dedans et au dehors, et la classe ouvrière au désespoir?

Ceux qui veulent agiter, aigrir, exciter à la révolte, se gardent bien de découvrir le but qu'ils se proposent d'atteindre et les malheurs qui en sont la suite. En plaignant le peuple, ils semblent compatir à ses misères et désirer mettre un terme à ses souffrances, les hypocrites! Ils en accusent l'autorité qu'ils veulent détruire et proposent ; pour remède , la révolte qui doit mettre le comble à ses maux.

Malheur à ceux qui cherchent à soulever la multitude et qui provoquent les émeutes et le renversement des lois ; car, le peuple, dans cet empire momentané qu'il exerce, ne respecte personne , pas même ceux qui veulent le diriger (1) ; c'est un torrent qui entraîne tout , amis et ennemis.

Malheur au peuple qui , dans ses caprices, veut changer ses institutions, sans se donner le temps d'en faire l'expérience, et recourt à la force brutale pour se faire justice. Qui pourra arrêter ce despote san-

(1) Qui invoque une révolution, appelle tous les crimes ; et, s'il est vrai que tous les journaux légitimistes fassent de bonne foi cette protestation, qu'ils ne veulent pas un bouleversement où le sang français serait versé, ils s'en imposent à eux-mêmes. Je ne connais point de révolution à l'eau douce. Mais qu'ils se ressouviennent, ainsi que les journaux radicaux, que les faiseurs de révolutions, les excitateurs à force de raisonnemens, les distillateurs de haine et de vengeance, en voulant favoriser leur parti, le tuent nécessairement et se tuent avec lui. Les excès appellent d'autres excès, et les révolutions dévorent ceux qui les ont faites. Le Sauveur du monde a dit que celui qui a recours à l'épée périra par l'épée ; et c'est toujours vrai.

Croyez ce que je vous dis : je vois dans ce mouvement politique, à mesure qu'il s'avance, les mêmes symptômes de folie , de maladie et de terreur que j'ai signalés dans ma note 2. Les lignes sont déjà tracées, les catégories formées, les zones marquées ; je vois après les esprits modérés, le tiers-parti ; après le tiers-parti, l'extrême gauche et l'extrême droite où sont assis les exaltés de la république et de la légitimité, hommes de conscience et de principes ; derrière eux, la zone des ambitieux qui les poussent, et des intrigans qui veulent arriver ; viennent ensuite les républicains déhontés et avides ; puis les patriotes par excellence, les furibonds, les disciples des septembriseurs, la cohue des séides, les membres des sociétés qui ont fourni les Fieschi, Alibaud et autres : c'est cette dernière zone qui pousse toutes les autres qui précèdent et qui s'usent en agissant. Quand les premiers rangs seront tombés, les seconds, les troisièmes viendront petit à petit, à leur tour, porter leur tête sur l'échafaud, et enfin les massacreurs ne pouvant trouver plus méchans qu'eux, se détruiront mutuellement, jusqu'à ce que Jupiter, qui est juste, envoie une grue qui croquera toutes ces grenouilles...

Puissé-je n'être pas une autre Cassandre !

guinaire, ce tigre furieux une fois déchaîné, qui ne connaît de frein ni dans les lois divines , ni dans les lois humaines ?

Pour satisfaire à des théories irréfléchies ou à un dévouement aveugle, ou à des ambitions déhontées, voilà cependant ce que l'on veut hasarder, la paix du pays. On veut un bouleversement dans l'état, et tous les maux qui en sont inséparables ; on veut replacer la France dans l'abîme des révolutions.

Si l'omnipotence parlementaire, dans des momens de trouble, et pour arrêter le mouvement d'une désorganisation générale, a créé la royauté, la Charte et la pairie, c'était alors un bienfait et une nécessité dans l'intérêt de tous. Ce n'est pas pour les détruire que l'on établit des institutions et des lois, c'est pour vivre en repos sous leur abri.

Détruire est chose aussi facile que dangereuse. Que peut-on opposer à la force ? mais que mettre à la place du gouvernement qu'on aura détruit?... le droit divin!... on n'y croit pas... on en a méfiance, et il s'implanterait au milieu de nous qu'il n'y tiendrait pas. La démocratie!... elle n'a de force que pour le mal ; elle n'a point de stabilité. Quand le peuple est tout, les lois sont impuissantes. Voyez les États-Unis. Déjà la discorde est entre ces états hostiles les uns envers les autres ; ils se sont menacés ; ils se sépareront et bientôt ils tomberont sous la verge du premier tyran. La république!... elle est encore à nos yeux couverte de sang ; elle fait horreur.

Conservons... conservons donc ce que l'omnipotence parlementaire a édifié. Elle seule n'a pas le droit de le détruire. Les autres pouvoirs de l'état pourraient-ils, sans être coupables, souffrir l'exercice d'une puissance qui a dû cesser avec les circonstances qui lui ont donné la vie ?

L'omnipotence de la chambre serait maintenant un principe de la dissolution de l'état ; la résurrection des sociétés populaires , la mise en pratique de leurs maximes démocratiques dont nous connaissons les bienfaits, les réglemens et les institutions. Les princes de ces associations sont encore debout ; ils règnent et gouvernent, ceux-là. Derrière la coalition, ils nous menacent encore de l'invasion de leurs séides, tout prêts à se présenter armés au premier signal : alors se développeront ces aphorismes effrayans et si faciles à retenir (1).

Faisons des vœux et employons nos efforts pour que l'avenir ne nous présente pas un spectacle aussi affligeant. Comptons davantage sur la majorité d'une chambre éclairée qu'on voudrait entraîner ; espérons qu'elle repoussera l'envahissement funeste que lui proposent les ennemis acharnés de la monarchie, et que le roi qui règne si heureusement pour la France continuera de la gouverner dans les voies de paix de progrès et de prospérité (2).

(1) 1° On ne peut prendre qu'à ceux qui possèdent ; 2° il est temps que ceux qui ont les mains rugueuses se servent de pâte d'amande.

(2) Nous nous alarmons peut-être un peu trop. La *Gazette* a eu la bonté de nous annoncer (journal du 29 novembre) que nous *pourrions bien avoir un ministère d'hommes impossibles*. J'aimerais mieux ce ministère-là que celui du suffrage universel. *C'est un premier pas vers le bien*, ajoute-t-elle ; *car ce qui est impossible aux séides et aux monopoleurs du budget est ce qui rendrait la France grande et libre, paisible et heureuse....* Nous verrons... Que Dieu le veuille...! *Amen.*

Toutefois, je prends date de cette prédiction, et je me permets de demander à M...... de la *Gazette* ce que c'est que des *séides de cour*. On conçoit et on a vu des séides de religion, de patriotisme, de légitimité ; *mais des séides de cour...* c'est une expression, comme celle de *monopoleur*, vide de sens : expression aventurée d'un parti qui ne sait comment exhaler sa haine.

Paris, Imprimerie de Paul Dupont et Comp.